Grands Présidents | numéro 11

EISENHOWER
ET L'ÉTAT PROVIDENCE

Un héros de guerre à la Maison-Blanche

par Gilles Rahier

50MINUTES

Avec la collaboration de Pierre Frankignoulle

DWIGHT DAVID EISENHOWER

CARTE D'IDENTITÉ

- **Naissance ?** Le 14 octobre 1890 à Denison (Texas)
- **Mort ?** Le 28 mars 1968 à Washington D.C.
- **Parti politique ?** Parti républicain
- **Dates des élections ?**
  - Le 4 novembre 1952
  - Le 6 novembre 1956
- **Durée du mandat ?** Huit ans
- **Apports majeurs ?**
  - La fin de la guerre de Corée
  - La relance économique et la réduction de l'inflation
  - La lutte contre le maccarthysme
  - Les avancées significatives en matière de déségrégation raciale
  - La doctrine Eisenhower
  - L'endiguement du communisme
  - L'apaisement relatif des relations avec l'URSS

INTRODUCTION

Héros de la Seconde Guerre mondiale (1939-1945) à qui l'on doit la libération de l'Europe, Dwight David Eisenhower est choisi comme candidat aux élections présidentielles américaines de 1952 par le Parti républicain. Fort de son image de grand diplomate, il est élu avec une avance confortable sur son adversaire démocrate, Adlai Ewing Stevenson (1900-1965), qu'il vaincra à nouveau lors des élections de 1956.

Premier président issu du Parti républicain depuis 20 ans, il forme un gouvernement modéré dirigé par le secteur privé. Son mandat s'inscrit d'ailleurs dans une période riche en bouleversements économiques, qui permet au pays de se développer pour devenir ce que l'on appellera plus tard la « société d'abondance » (*Affluent Society*). Il devra également affronter les affres des pires combats internes qu'aient connus les États-Unis, tels que la paranoïa née du maccarthysme ou la lutte contre la ségrégation raciale.

En pleine guerre froide (1947-1990), il combat l'influence communiste dans le monde par la doctrine qui porte son nom. Grâce à ses qualités de négociateur, il parvient à apaiser quelque peu les tensions qui paralysent les relations entre les États-Unis et l'URSS.

Homme de consensus, reconnu plus tard comme l'un des présidents les plus appréciés de son pays, il se retire de la vie publique après huit ans de présidence. Cependant, malgré cette bonhomie affichée, son dernier discours restera dans les annales par son avertissement contre le complexe militaro-industriel qui gagne en importance et la montée du militarisme américain, renversant d'un coup la vision que l'on se fait habituellement de l'homme.

BIOGRAPHIE

FORMATION MILITAIRE

Né le 14 octobre 1890, Dwight David Eisenhower est le troisième enfant de David Jacob Einsenhower (1863-1942) et d'Ida Elizabeth Stoner (1861-1879). Issue de l'émigration allemande du XVIIIe siècle – son vrai nom étant Eisenhauer –, sa famille vient du milieu ouvrier et est très croyante.

Après une scolarité relativement médiocre dans le Kansas, Eisenhower entre à l'académie militaire de West Point en 1911. C'est là qu'il rencontre celle qui deviendra sa femme en 1916, Marie (Mamie) Geneva Doud (1896-1979), fille d'un rentier de l'Iowa, avec laquelle il aura deux fils. Quatre ans plus tard, il sort avec le grade de lieutenant et des résultats dans la moyenne de sa promotion.

Lorsqu'éclate la Première Guerre mondiale (1914-1918), Eisenhower demande à être envoyé au front, mais on le lui refuse. Contraint de rester aux États-Unis, il est nommé instructeur dans différents centres d'entraînement. À force de travail et de persévérance, il parvient à gravir les échelons de la hiérarchie militaire. En 1924, après être parti deux ans au canal de Panamá, il poursuit sa formation militaire à Fort Leavenworth (Kansas) et au *War College* (Pennsylvanie). De 1933 à 1939, il est adjoint du général Douglas MacArthur (1880-1964) dans la région des Philippines, où il doit superviser la création d'une armée locale. De retour aux États-Unis, il est nommé général de brigade en 1941.

SUR LE TERRAIN

Après l'attaque de la base aéronavale américaine de Pearl Harbor par les forces japonaises en 1942, les États-Unis entrent à leur tour dans la Seconde Guerre mondiale. L'heure est enfin venue pour Eisenhower de faire ses preuves. Il est appelé par le général George Catlett Marshall (1880-1959) pour participer à la réalisation des plans de débarquements en Europe. Nommé commandant en chef des troupes américaines puis des forces alliées en Europe, il décide de lancer l'opération « Torch » en Afrique du Nord, ainsi que les opérations « Husky » et « Ladbroke » en Italie, qui changent durablement le destin de la guerre, permettant aux Alliés de créer différents fronts pour diviser les troupes ennemies.

UN NOUVEAU FRONT POUR SOULAGER LA RUSSIE

En septembre 1942, l'idée germe dans le camp allié de créer un second front militaire pour soulager le front russe, où se concentre l'effort de guerre allemand. C'est pour eux la seule façon de gagner la guerre. Le général George Catlett Marshall charge alors Eisenhower de planifier un débarquement dans le nord de l'Afrique (Maroc et Algérie, alors colonies françaises). Aidés par la résistance française sur place, ils prennent rapidement Alger et commencent la campagne de Tunisie (1942-1943).

Peu après, suivant le même objectif, le haut commandement, dirigé par le général Eisenhower, décide d'un débarquement sur les côtes de l'Italie, en Sicile plus exactement, en juillet 1943. Après un mois de bataille, l'opération « Husky » est couronnée de succès par la prise du territoire et la retraite allemande. L'invasion de l'Italie peut alors commencer.

Quand les forces alliées décident d'ouvrir un front à l'Ouest pour terminer l'encerclement de l'Allemagne, Eisenhower est désigné pour diriger le débarquement de Normandie (6 juin 1944). Il y commande la plus grande force militaire d'invasion de tous les temps et arrive à concilier les tempéraments des différents généraux français (Charles de Gaulle, 1890-1970), anglais (Bernard Law Montgomery, 1887-1976) et américain (George Smith Patton, 1885-1945). L'opération est une réussite et, grâce à elle, l'Europe peut enfin être libérée du joug allemand.

CARRIÈRE POLITIQUE

En 1948, Eisenhower choisit de quitter l'armée pour devenir président de l'université de Columbia, l'une des plus prestigieuses du pays. Trois ans plus tard, il quitte son poste suite à sa nomination en tant que commandant suprême des forces de l'OTAN, poste qui confirme son habileté diplomatique. C'est alors que le Parti républicain le choisit pour être candidat à l'élection présidentielle américaine de 1952. Après avoir largement gagné les élections, il est président des États-Unis de 1953 à 1961, ayant été réélu en 1956.

Il se retire de la vie politique en 1961, après avoir défendu la candidature de son vice-président, Richard Milhous Nixon (1913-1994). Il s'installe alors à Gettysburg (Pennsylvanie) où il rédige ses mémoires, tout en participant occasionnellement à la vie politique américaine. Malade, il décède le 28 mars 1968 dans un hôpital militaire de Washington D.C.

CONTEXTE POLITIQUE, SOCIAL ET ÉCONOMIQUE

L'APRÈS-GUERRE ET LE DÉBUT DE LA GUERRE FROIDE

Lorsque prend fin la Seconde Guerre mondiale avec la victoire des forces alliées sur les régimes totalitaires, l'ordre mondial se trouve totalement bouleversé. En effet, l'Europe, jusque-là dominante, est exsangue et ruinée par cinq ans d'un conflit qui aura détruit une grande partie de son territoire et de ses infrastructures. Cela favorise l'émergence de deux superpuissances : les États-Unis et l'URSS. Si au cours du conflit, elles sont parvenues à s'entendre malgré leurs profondes différences idéologiques, leurs relations se dégradent assez rapidement, notamment lors des conférences de Yalta et de Postdam (1945). Au cours de celles-ci, les vainqueurs ont la lourde tâche de décider du partage du monde. Profitant de l'occasion, les Occidentaux tentent de l'imiter l'influence russe en Europe en instaurant des élections dans les pays anciennement occupés par les Allemands. Mais, juste après la conférence, les Russes torpillent l'accord en organisant des coups d'État en Roumanie et en Pologne.

L'UNION DES RÉPUBLIQUES SOCIALISTES SOVIÉTIQUES

Créée en 1922 par le parti bolchévique, l'URSS (Union des Républiques socialistes soviétiques) est un État totalitaire dirigé d'une main de fer par le Parti communiste et des hommes tels que Lénine (1870-1924) et Joseph Staline (1878-1953). Elle devient, avec la Chine, le fer de lance de l'Internationale communiste, qui prône la dictature du prolétariat, en nationalisant les ressources naturelles ainsi que les moyens de production et en supprimant la propriété privée.

Réunissant 15 républiques indépendantes sous un État fédéral (l'Arménie, l'Azerbaïdjan, la Biélorussie, l'Estonie, la Géorgie, le Kazakhstan, le Kirghizistan, la Lettonie, la Lituanie, la Moldavie, l'Ouzbékistan, la Russie, le Tadjikistan, le Turkménistan et l'Ukraine), elle restera le plus vaste État du monde durant la guerre froide. Elle est dissoute le 26 décembre 1991, suite à la proclamation d'indépendance de nombreux pays.

Malgré la création en 1945 des Nations unies, chargées d'assurer la sécurité mondiale, les tensions entre les deux blocs deviennent de plus en plus fortes et finissent par déboucher sur un conflit idéologique et politique : la guerre froide. Si les deux superpuissances ne se rencontrent militairement que lors de la guerre de Corée (1950-1953), la crainte qu'une troisième guerre mondiale éclate est bel et bien présente – conflit qui s'avèrerait catastrophique pour les deux camps en raison de la menace atomique. La majorité des affrontements qui ont lieu durant cette période trouble (la guerre du Viêt Nam ou d'Afghanistan par exemple) se font sans que leurs armées ne s'affrontent directement. Il s'agit plutôt d'un jeu d'influence sur des territoires encore non alignés, où l'un comme l'autre tentent de faire prévaloir leur idéologie.

L'ENDIGUEMENT DU COMMUNISME ET LA PEUR DU ROUGE (*RED SCARE*)

Avec la décroissance de l'empire colonial et les dégâts subis durant la Seconde Guerre mondiale, le flambeau du leadership mondial passe aux États-Unis. Dans le contexte de guerre froide, la doctrine déployée par le prédécesseur d'Eisenhower, Harry S. Truman (1884-1972), consiste à limiter la propagation du communisme grâce à la doctrine de l'endiguement (*containment*). Selon lui, il convient de contenir l'influence de l'URSS à l'intérieur de ses frontières grâce à un soutien militaire et économique apporté aux forces de pays étrangers, qui se battent contre le développement d'États communistes.

Mais cette peur du communisme exacerbée par les tensions est également présente à l'intérieur du pays, où l'idée naît qu'il y aurait au sein même des États-Unis des personnes haut placées désireuses d'y installer un régime totalitaire communiste. Cette paranoïa provoque une véritable chasse aux sorcières. En effet, depuis 1938, une commission de la Chambre des représentants a été mise en place en vue d'analyser les activités antiaméricaines (*House Un-American Activities Committee*). Toute personne accusée peut dès lors perdre son travail et voir son honneur bafoué. Son porte-parole le plus virulent, qui réussira à faire adhérer un grand pan de l'opinion publique à ses idées, est le sénateur Joseph McCarthy (1908-1957), qui donnera son nom à ce mouvement répressif.

À partir de 1950, des enquêtes sont menées, visant à traquer les sympathisants ou militants communistes sur le territoire américain. Ce climat de violence atteint son apogée le 5 avril 1951 lorsque Julius (1918-1953) et Ethel Rosenberg (1915-1953), un couple d'ingénieurs d'origine juive, sont condamnés à mort pour avoir prétendument livré des informations scientifiques américaines aux communistes. Mais face aux méthodes employées, les mécontentements commencent à surgir à l'intérieur du pays. Au milieu des années cinquante, le sénateur Joseph McCarthy voit ainsi sa popularité chuter.

LES *FIFTIES* ET LA SOCIÉTÉ D'ABONDANCE

Malgré le contexte international tendu, l'économie américaine des années cinquante et soixante se porte bien. Les États-Unis connaissent en effet un véritable âge d'or qui marque l'apogée d'un style de vie à l'américaine. C'est durant cette période, appelée « les Trente Glorieuses », que se développe le concept de la « société d'abondance ».

Alors que les économistes craignaient que la fin de l'économie de guerre plonge le pays dans une importante crise du fait du retour des soldats et de la fin de la fabrication massive d'armes, la réalité est tout autre. La croissance économique est telle que la majorité des Américains ont un travail. La classe moyenne se développe et jouit désormais d'un niveau de vie élevé, au regard des standards de l'époque.

De plus, en aidant les pays européens à se reconstruire, les États-Unis parviennent à faire doubler leur production agricole et industrielle. À eux seuls, ils produisent la moitié des biens de la planète. Durant cette décennie, on observe également une augmentation substantielle de la population, à la suite du baby-boom et grâce aux progrès réalisés en médecine, qui font baisser la mortalité.

Cependant, malgré la croissance et la prospérité, les classes sociales les plus basses et les plus fragiles restent exclues. Le fossé se creuse de plus en plus entre les plus riches et les plus pauvres, malgré le développement de la classe moyenne : 25 % de la population vit en dessous du seuil de pauvreté. Dès lors, des voix s'élèvent dans le monde culturel pour dénoncer l'*american way of life* et son goût du confort et de la sécurité, préfigurant la vague hippie des années soixante.

LA SÉGRÉGATION RACIALE ET LES DROITS CIVILS

Si la guerre de Sécession (1861-1865) a mis fin à l'esclavage aux États-Unis, les Afro-Américains sont toujours exclus de la société. Ainsi, au début des années cinquante, des lois limitant leur accès aux écoles et aux bâtiments publics persistent encore dans certains États du Sud qui s'opposent toujours à l'émancipation des minorités noire et indienne. Malgré les efforts des fractions politiques les plus progressistes, la situation se débloque grâce aux mouvements citoyens afro-américains qui n'hésitent pas à saisir la Cour suprême pour améliorer leurs conditions de vie.

C'est grâce au juge Earl Warren (1891-1974) que les minorités obtiennent des avancées importantes en matière de droits civils. Les décisions prises à cette époque permettent le développement des droits individuels, tels que l'égalité d'accès à l'école et l'égalité face à la justice.

LA COURSE À LA MAISON-BLANCHE DE 1952

Après avoir remporté les élections primaires républicaines, Eisenhower se retrouve face au candidat démocrate Adlai Ewing Stevenson. Avocat reconnu, ce dernier oppose à la simplicité du républicain une figure d'intellectuel habitué des grandes familles américaines. Mais, en dehors de ces différences, le programme présenté par les deux candidats est sensiblement le même, que ce soit en politique intérieure ou extérieure.

Durant la campagne, les attaques des conservateurs se centrent sur la corruption et le manque de réaction des démocrates face à la menace communiste. Ce sont les trois C : « Corée, communisme et corruption ». Le Parti républicain présente son candidat comme un ancien héros de guerre, un diplomate reconnu et une personne respectée, face à des démocrates « socialistes » éclaboussés par les scandales et corrompus par de longues années au pouvoir. En réaction, les démocrates n'hésitent pas à attaquer la personnalité d'Eisenhower et à pointer les divisions qui ont agité le Parti républicain au cours de son histoire.

La campagne à laquelle participe Eisenhower est la première durant laquelle la télévision a une influence claire sur les électeurs, notamment lorsque le candidat conservateur à la vice-présidence, Richard Milhous Nixon, accusé d'avoir à sa disposition une caisse noire pour sa campagne, fait un discours qui, retransmis à la télévision, sera suivi par 60 millions de téléspectateurs. Si Eisenhower a préalablement demandé à son colistier de se retirer de la course à la présidence, l'impact de son allocution est tel qu'il change d'avis.

Dwight David Eisenhower est finalement élu avec 55 % des suffrages face à son concurrent démocrate. Il sera le premier président républicain depuis 20 ans. Le Congrès est lui aussi dominé par les conservateurs (221/211 à la Chambre et 48/47 au Sénat).

TEMPS FORTS

UN HOMME DU JUSTE MILIEU

En dehors des cercles politiques habituels du Parti conservateur, Dwight David Eisenhower est élu avant tout pour son aura de général militaire victorieux. C'est donc plutôt le triomphe d'un homme que celui d'un parti qui est fêté le 4 novembre 1952.

Aussitôt, il forme un gouvernement modéré. Appuyé par les milieux des affaires, il s'entoure de personnes du secteur privé habituées des administrations. Comme tout bon militaire, il sait déléguer certaines de ses responsabilités à des personnes de confiance et ne pas s'exposer directement à de mauvaises décisions. Il compose son cabinet non pas avec des chefs du parti conservateur mais avec des hommes de terrain, dont le secrétaire de la Défense, Charles Erwin Wilson (ingénieur américain, 1890-1961), ancien président de *General Motors*.

Au début de son mandat, le discours d'Eisenhower est souvent belliqueux et menaçant, mais son pragmatisme le mène rapidement à la prudence et à la diplomatie. Très habile durant les négociations, il prendra ses décisions en essayant de contenter, le plus souvent, les différentes parties. Les premières années de son mandat marquent un profond changement par rapport aux administrations démocrates, mais ses détracteurs observent surtout qu'il existe une grande différence entre sa rhétorique et ses actes.

LE CONSERVATISME PROGRESSISTE

Après les affres du krach financier de 1929, les présidents américains réalisent de grandes avancées sociales et Eisenhower ne déroge pas à la règle. Durant son mandat, il étend la sécurité sociale et l'assurance maladie à sept millions d'Américains et augmente le salaire minimum. En parallèle, il met en place une politique de financement des logements sociaux à partir de 1954. Malgré ces avancées, les clivages entre les classes sociales les plus riches et les plus pauvres restent grands.

Peu après son élection, il définit sa politique économique et sociale comme un « conservatisme progressiste ». Au niveau financier, l'intervention gouvernementale se fait en faveur des hommes d'affaires, ce qui lui vaut le surnom d'« homme de Wall Street ». Adepte d'un libéralisme économique total, il prône un système de contrôle de l'économie le moins contraignant possible, l'État ne garantissant que la stabilité monétaire. À son arrivée à la Maison-Blanche, il supprime le contrôle des prix et des salaires qui était en place depuis la guerre. Mais, en raison du chômage qui ne cesse d'augmenter, il ne peut pas limiter l'intervention de l'État comme il souhaitait initialement le faire.

Dans un contexte économique favorable, il lance une politique de grands travaux sur les finances de l'État : il fait relier le fleuve Saint-Laurent aux Grands Lacs par une voie navigable, et fait construire 65 000 kilomètres d'autoroutes sur tout le territoire. De tels projets lui permettent de créer des millions d'emplois, les chantiers ne s'étant terminés qu'à la moitié des années quatre-vingt-dix. Ce projet transforme et modernise durablement les États-Unis et offre une meilleure connectivité interne, provoquant un essor de l'industrie automobile.

UN CHANGEMENT EN POLITIQUE EXTÉRIEURE

Thématique importante de son programme électoral, Dwight David Eisenhower parvient à mettre un terme à la guerre de Corée, qui aura fait plus d'un million de morts. À compter de la signature de l'armistice de Panmunjeom (27 juillet 1953), le gouvernement américain opte pour une nouvelle stratégie qui consiste à utiliser en politique extérieure un discours dissuasif fort, basé notamment sur l'intimidation nucléaire, afin de limiter l'engagement de forces armées dans des conflits lointains et de longue durée.

En parallèle, la politique se centre sur la création d'un réseau d'alliances avec des pays alliés. Il poursuit donc l'idée de son prédécesseur Harry S. Truman en continuant à appuyer financièrement et militairement les pays en voie de développement, dont il souhaite l'appui inconditionnel face au bloc soviétique.

Si une intervention est inévitable, il préfère qu'elle soit la plus courte possible, comme c'est le cas au Liban en 1958, où les États-Unis interviennent pendant trois mois sur demande du pouvoir en place pour combattre un mouvement révolutionnaire souhaitant renverser le régime.

Des opérations secrètes sont également menées pour défendre les intérêts financiers ou idéologiques américains, comme au Guatemala en juin 1954 ou en Iran durant l'opération « Ajax ». La CIA (*Central Intelligence Agency*) devient un organisme important par son implication claire dans ces changements de régime.

Toutefois, le gouvernement choisit de ne pas intervenir à chaque nouvelle lutte contre le communisme. Ainsi, lorsque l'armée russe réprime dans la violence un mouvement populaire national en Hongrie qui était parvenu à renverser le gouvernement communiste en place, les États-Unis ne lui viennent pas en aide.

De même, lors de la crise du canal de Suez (1956), l'ONU – et les États-Unis – oblige le retrait des troupes de la Grande-Bretagne et de la France du canal qu'ils occupaient alors qu'il avait été nationalisé par le président égyptien, Gamal Abdel Nasser (1918-1970). En agissant ainsi, les États-Unis désavouent ces deux alliés soucieux de protéger les intérêts de leurs empires coloniaux. La gestion du canal est officiellement confiée à l'Égypte à la fin de l'année.

Tous ces actes montrent les limites du discours de durcissement et d'intimidation de l'administration Eisenhower. S'il existe bien une rhétorique de représailles et de menaces, celle-ci s'adapte à la situation et au type de politique appliqué sur le terrain.

LE DÉBUT DE LA DÉSÉGRÉGATION

Durant les années cinquante, le mouvement de déségrégation est lent, ce qui permet aux États du Sud de maintenir un statu quo au niveau des droits des minorités raciales. Cette situation est rendue possible par le fait que le président Dwight David Eisenhower n'est pas fondamentalement d'accord avec les décisions d'égalité des droits prises par la Cour suprême. Quelques années plus tard, il reconnaîtra à ce propos qu'il s'était trompé sur la nomination d'Earl Warren à la présidence de la Cour suprême. Eisenhower pensait en effet que ce dernier était traditionaliste, alors qu'il s'avère être très progressiste dans les décisions qu'il prend.

Cependant, la plus grande avancée dans ce domaine survient avec la décision prise lors de l'arrêté Brown. Étudiante afro-américaine du Kansas, Linda Brown (née en 1942) se voit refuser l'accès à une école pour raison de ségrégation raciale. Appuyées par une association de défense des droits civiques, sa famille et d'autres personnes portent plainte devant la Cour suprême. En mai 1954, celle-ci reconnaît et impose à tous les États l'égalité scolaire et donc l'accès des Noirs aux écoles réservées aux Blancs. Les années suivantes, de nombreuses manifestations éclatent et des incidents opposent les partisans de la déségrégation aux autorités gouvernementales des États du Sud. Ce n'est que durant son second mandat, en 1957, que le président fait intervenir les forces fédérales à Little Rock (Arkansas), suite à la fermeture par le gouverneur d'une école qui devait accueillir neuf enfants de couleur. Cette intervention présidentielle accélère l'intégration scolaire dans les États du Sud du pays.

En novembre 1956, suite au refus de l'Afro-Américaine Rosa Parks (1913-2005) de laisser sa place à un Blanc dans un bus, la Cour suprême dénonce la ségrégation dans les transports en commun en Alabama et met fin à la loi obligeant les Noirs à laisser leur place aux

Blancs et à s'asseoir dans le fond du bus. Enfin, en 1957, un progrès majeur est réalisé : le Congrès confirme le droit de vote des Noirs, qui n'était toujours pas appliqué dans certains États.

LA FIN DU MACCARTHYSME

Le premier mandat d'Eisenhower voit également la virulence du maccarthysme prendre fin en 1954, quand le Sénat inflige un blâme au sénateur Joseph McCarthy et l'écarte de la vie politique. Désavoué par le président pour ses attaques répétées contre le général George Marshall, son ancien mentor, McCarthy voit ses excès et sa véhémence lors de certains interrogatoires retourner l'opinion publique et les forces politiques de son parti contre lui. Si cette éviction ne met pas fin à la lutte interne contre le communisme, celle-ci se fait toutefois plus discrète.

Malgré cela, certain de leur culpabilité, Eisenhower choisit de ne pas gracier les époux Ethel et Julius Rosenberg, qui montent sur la chaise électrique le 19 juin 1953, malgré une campagne de protestation mondiale. L'*International Security Act*, qui obligeait les organisations communistes à s'enregistrer auprès de l'État dans le but de prévoir des activités de sabotage, est amendé par le gouvernement en 1954, visant à interdire et à judiciariser les activités du parti communiste américain, reconnu comme une organisation subversive.

LA RÉÉLECTION DE 1956
ET LA DOCTRINE EISENHOWER

Eisenhower est réélu en novembre 1956, remportant 57 % des suffrages contre Adlai Ewing Stevenson, qu'il avait déjà battu en 1952. Il affronte cette fois une majorité démocrate à la Chambre et au Sénat, mais parvient à gouverner avec eux sans soucis majeurs, grâce à ses capacités de conciliation et de modération. De plus, suite à la fin du maccarthysme et de la guerre de Corée, les tensions politiques et les divisions internes du pays diminuent, lui permettant de rassembler un large consensus pour gouverner.

Dès sa réélection, il définit la politique étrangère du pays, en s'orientant surtout sur le Moyen-Orient, qu'on appellera la doctrine Eisenhower. Appuyée par le Congrès, elle se définit par l'envoi de troupes militaires pour aider tout pays du Moyen-Orient demandant un soutien contre une agression d'un pays communiste. L'objectif est de conserver l'influence américaine intacte dans cette région importante pour la production du pétrole. Elle est appliquée lors de l'intervention au Liban en 1958.

DES RELATIONS MOINS TENDUES AVEC L'URSS

Le 4 octobre 1957, la guerre froide prend un tour nouveau lorsque l'URSS met en orbite le premier satellite artificiel, *Spoutnik*, provoquant une onde de choc aux États-Unis, stupéfaits de ne pas avoir devancé l'URSS dans la conquête spatiale. Pour rattraper ce retard, des fonds d'aide sont ouverts pour l'éducation nationale. Un an plus tard, la NASA voit le jour et reçoit la mission de coordonner les recherches effectuées dans les domaines aéronautique et aérospatial.

Le secrétaire d'État, John Foster Dulles (1888-1959) décide alors de mettre au point une nouvelle politique, le *New Look*, chargée de refouler le communisme (*Roll back*), par un discours dissuasif de représailles massives (nucléaires notamment). Mais ce changement de discours reste surtout théorique et rhétorique. Enfin, depuis la mort de Staline, en 1953, les tensions entre les deux superpuissances se sont apaisées, et des négociations ont lieu depuis l'intronisation de Nikita Khrouchtchev (1894-1971), la même année. Trois ans plus tard, ce dernier élabore la doctrine de la coexistence pacifique entre les deux blocs.

Les relations avec l'URSS s'apaisent, notamment grâce à la visite de Nikita Khrouchtchev aux États-Unis, en 1959. Mais cette nouvelle entente reste très fragile et, en 1960, un avion de reconnaissance américain U2 est abattu par les Soviétiques sur leur territoire. Ne recevant aucune excuse de la part d'Eisenhower pour cette incursion militaire secrète sur son territoire, le chef russe quitte la conférence de Paris (1960), qui devait résoudre le problème d'administration de la ville de Berlin. Les relations entre les deux blocs resteront tendues jusqu'à la nomination du successeur d'Eisenhower, John Fitzgerald Kennedy (1917-1963).

UNE PREMIÈRE VISITE OFFICIELLE AUX ÉTATS-UNIS

La tournée américaine du premier secrétaire du Parti communiste, Nikita Khrouchtchev, en septembre 1959, est la première visite officielle d'un dirigeant communiste aux États-Unis depuis le début de la guerre froide. Ce séjour est donc symbolique de l'apaisement des tensions entre les deux superpuissances. Avec sa famille et des officiels soviétiques, Khrouchtchev visite différentes villes du pays avant de rencontrer le président Eisenhower à Camp David, lieu de villégiature officiel des présidents américains, pendant deux jours. Son objectif est de trouver une solution au problème de l'enclave de Berlin-Ouest, situé dans le territoire de la République démocratique allemande, en faisant en sorte que les Occidentaux acceptent de retirer leurs troupes pour en faire une zone démilitarisée. Mais la rupture qui survient lors de la conférence de Paris mène à la création du mur de Berlin en 1961.

LA GUERRE DU VIÊT NAM

Alors que les Français combattent un mouvement d'indépendantistes soutenu par les États communistes durant la guerre d'Indochine (1946-1954), les États-Unis décident de ne pas s'impliquer militairement dans le conflit, malgré la position chaotique de la France. Ils acceptent toutefois de lui accorder une aide financière. Mais celle-ci ne suffit pas et, en juillet 1954, les accords de Genève mettent fin au conflit après la capitulation des troupes françaises.

L'ancienne Indochine est alors divisée en deux États, la république démocratique du Viêt Nam au nord, appuyée par les États marxistes, et la république du Viêt Nam au sud, par les États-Unis et les pays occidentaux. Alors que, selon les accords, un référendum doit être organisé en 1956 sur la réunification des deux pays, le gouvernement d'Eisenhower décide de ne pas faire respecter cette clause, anticipant et redoutant la victoire des dirigeants communistes locaux en cas d'élections démocratiques.

D'un autre côté, se méfiant de l'avancée communiste dans la région, Eisenhower promet d'aider les dirigeants du Sud Viêt Nam et va jusqu'à envoyer des conseillers américains entraîner l'armée sud-vietnamienne sur place dès le mois de février 1954. Suite à cette décision importante, les États-Unis doivent finalement prendre le relais de la France dans ce bourbier du sud-est asiatique et soutenir continuellement l'armée sud-vietnamienne face aux mouvements communistes.

En août, la situation s'aggrave et les États-Unis décident d'intervenir directement afin de repousser les mouvements communistes. Mais l'opération s'enlise face à un ennemi qui connaît bien mieux le territoire et qui maintient des opérations de guérilla qui fatiguent les troupes américaines. Le conflit se clôt sur un échec total. En 1975, le Sud est conquis par le Nord. Les deux États sont alors réunifiés et forment désormais la république socialiste du Viêt Nam, placée sous le giron du bloc communiste.

CUBA, UN ENNEMI VOISIN

La situation s'envenime également à Cuba à la fin des années cinquante. Après avoir perdu l'appui des États-Unis, le dictateur Fulgencio Batista (1901-1973) est renversé en 1958 par un mouvement révolutionnaire dirigé par Fidel Castro (né en 1926).

Si le gouvernement d'Eisenhower reconnaît tout d'abord le nouveau pouvoir, les choses changent lorsque celui-ci prend des mesures communistes, en nationalisant par exemple les matières premières ou en évinçant la compagnie américaine *United Fruit*. Eisenhower réagit aussitôt et décrète un embargo sur certaines matières-clés de l'économie cubaine comme le sucre et le pétrole, essayant par là même d'affaiblir le nouveau régime. En réaction, ce dernier rentre dans le giron de l'URSS et signe avec lui de nombreuses conventions d'aide économique et militaire.

La situation ne s'améliore guère et devient même catastrophique. La débâcle du débarquement de la baie des Cochons en 1961 pousse le gouvernement cubain à s'allier avec l'URSS et Cuba se transforme en base avancée communiste, à portée de tir des États-Unis.

LE MOUVEMENT DES DROITS CIVIQUES DURANT LES ANNÉES SOIXANTE

Le processus de déségrégation raciale entamé durant les années cinquante atteint son niveau de tension maximal durant la décennie suivante, sous le gouvernement de John Fitzgerald Kennedy et de Lyndon Baines Johnson (1908-1973). N'étant pas foncièrement d'accord avec les revendications des mouvements civils, Eisenhower temporise au maximum les débordements liés à cette thématique extrêmement complexe pour la société traditionaliste américaine, mais les avancées limitées des années cinquante provoqueront un climat de tension dans la décennie qui suivra.

Le mouvement de défense des droits civiques mène alors différentes actions pour obtenir les modifications essentielles aux lois ségrégatives, telles que des *sit-in* ou des occupations de lieux publics. Lors de la marche sur Washington (1963), à laquelle ont participé entre 200 000 et 300 000 personnes, un leader émerge, le pasteur afro-américain Martin Luther King (1929-1968), qui prononce un discours resté célèbre : « *I Have a Dream* ».

Sous la pression populaire croissante, c'est un véritable bras de fer qui a lieu entre le pouvoir présidentiel et l'État fédéral et certains États du Sud du pays (Alabama, Caroline du Nord), qui refusent d'appliquer les changements constitutionnels mis en place. Dans ce contexte, des affrontements ont lieu dans les ghettos afro-américains des grandes villes, provoquant la mort de nombreuses personnes.

Finalement, la législation change avec le *Civil Rights Act*, signé en 1964, par le président Lyndon Baines Johnson, qui interdit toute forme de discrimination et abolit la ségrégation raciale dans les bâtiments publics ou dans l'administration. En 1965, le *Voting Rights Act* permet aux Noirs de voter dans certains États du Sud, où la législation limitait encore leur droit de vote.

EN RÉSUMÉ

14 oct. 1890	Naissance de Dwight D. Eisenhower
1939-1945	Seconde Guerre mondiale
25 juin 1950	Début de la guerre de Corée
20 janv. 1953	Investiture en tant que 34ᵉ président des États-Unis
27 juil. 1953	Fin de la guerre de Corée
1955	Début de la guerre du Viêt Nam
20 janv. 1957	Seconde investiture
Sept. 1957	Confirmation du droit de vote des Noirs
29 juil. 1958	Création de la NASA
20 janv. 1961	Investiture de John F. Kennedy
28 mars 1968	Décès de Dwight D. Eisenhower

- Auréolé de son poste militaire de commandant des forces alliées lors du débarquement de Normandie durant la Seconde Guerre mondiale, Dwight David Eisenhower est élu en 1952 et en 1956 avec une large avance sur son concurrent démocrate. Grand diplomate et homme de consensus, il reste l'un des présidents les plus appréciés du XXᵉ siècle.

- Malgré sa volonté de libéraliser au maximum l'économie américaine, il ne pourra jamais réaliser l'ensemble de son programme économique, mais impose une nouvelle connectivité à l'intérieur du pays par la création d'autoroutes financées par l'État. Sous sa coupe se développe la société d'abondance. Le développement de la classe moyenne américaine cristallise l'*american way of life*.

- Le début de son mandat voit la fin du maccarthysme, qui se termine avec le blâme donné par le Sénat à son initiateur. L'époque des tensions internes et de la chasse aux sorcières est dès lors révolue.

- En 1954, malgré la passivité apparente d'Eisenhower sur les dossiers concernant le développement des droits civils, l'arrêté « Brown » de la Cour suprême commence à fissurer le système de ségrégation raciale dans les États du Sud des États-Unis, qui explosera durant la décennie suivante.

- Le 27 juillet 1953, Eisenhower met fin à la guerre de Corée.

- Au début de son second mandat, en réponse aux tensions qui agitent le Moyen-Orient, il définit la doctrine Eisenhower pour limiter l'influence du bloc communiste dans cette région importante pour la production pétrolifère.

- Avec l'appui de Nikita Khrouchtchev, les deux blocs parviennent à coexister pacifiquement malgré les tensions provoquées par certains événements ponctuels. À la fin de son mandat, un problème diplomatique préfigure le paroxysme de la guerre froide : la guerre du Viêt Nam et la crise cubaine, qui se dérouleront dans les années soixante.

- En 1961, il décide de se retirer de la vie politique après avoir tenté d'alerter l'opinion publique quant à l'importance croissante du complexe militaro-industriel dans le pays et à la montée du militarisme américain.

- Il décède le 28 mars 1968.

POUR EN SAVOIR PLUS

SOURCES BIBLIOGRAPHIQUES

- AMBROSE (Stephen), *Eisenhower*, Paris, Flammarion, 1986.
- EISENHOWER (Dwight David), *Mes années à la Maison-Blanche*, Paris, Robert Laffont, 1963.
- EISENHOWER (Dwight David), *Batailles pour la paix*, Paris, Éditions de Trévise, 1968.
- FOHLEN (Claude), « De Truman à Eisenhower », in *Histoire des États-Unis*, Paris, Flammarion, 1997.
- HEFFER (Jean), *Les États-Unis de 1945 à nos jours*, Paris, Armand Colin, 1997.
- JACQUARD (Roland), *De Washington à Clinton. La galerie des présidents américains*, Paris, Jean Picollec, 1998.
- KASPI (André), *Les Américains. Les États-Unis de 1945 à nos jours*, t. 2, Paris, Seuil, 2002.
- KASPI (André) et HARTER (Hélène), *Les présidents américains. De Washington à Obama*, Paris, Tallandier, 2013.
- LACROIX (Jean-Michel), *Histoire des États-Unis*, Paris, PUF, 2013.
- MÉLANDRI (Pierre), *Histoire des États-Unis contemporains*, Bruxelles, André Versaille, 2008.

SOURCES COMPLÉMENTAIRES

- ALEXANDER (Charles), *Holding the Line: the Eisenhower Era, 1952-1961*, Bloomington, Indiana University Press, 1975.
- BRANYAN (Robert L.) et LARSEN (Lawrence), *The Eisenhower Administration, 1953-1961 : A Documentary History*, New York, Random House, 1971.

- Divine (Robert), *Eisenhower and the Cold War*, New York, Oxford University Press, 1981.
- Eisenhower (Dwight David), *Celui que je fus. Souvenirs de guerre et de paix*, Paris, Tallandier, 1967.
- Halberstam (David), *The Fifties*, New York, Ballantine Book, 1994.
- Heffer (Jean), *Les États-Unis de Truman à Bush*, Paris, Armand Colin, 1992.
- Lagayette (Pierre), *L'empire de l'exécutif : la présidence des États-Unis de Franklin D. Roosevelt à George W. Bush (1933-2006)*, Paris, Armand Collin, 2007.
- Martel (Frédéric), *De la culture en Amérique*, Paris, Gallimard, 2006.
- Mélandri (Pierre), *La politique extérieure des États-Unis de 1945 à nos jours*, Paris, Presses universitaires de France, 1982.
- Mélandri (Pierre) et Portes (Jacques), *Histoire intérieure des États-Unis au xxe siècle*, Paris, Masson, 1991.
- Pach (Chester) et Richardson (Elmo), *The Presidency of Dwight D. Eisenhower*, Lawrence, University Press of Kansas, 1991.
- Sicard (Pierre), *Histoire économique des États-Unis depuis 1945*, Paris, Nathan, 1995.

FILMS ET DOCUMENTAIRES

- *Ike*, série télévisée de Boris Sagal, avec Robert Duvall et Lee Remick, États-Unis 1979.
- *Le Majordome*, film de Lee Daniels, avec Forest Whitaker, Oprah Winfrey et Robin Williams, États-Unis, 2013.

50MINUTES
Art
Business
Histoire

www.50minutes.com

Éditeur responsable : Lemaitre Publishing
Rue Lemaitre 4 | BE-5000 Namur
info@lemaitre-editions.com

ISBN ebook : 978-2-8062-5447-4
ISBN papier : 978-2-8062-5626-3
Dépôt légal : D/2014/12603/54
Photo de couverture : réputée libre de droits.

Conception numérique : Primento,
le partenaire numérique des éditeurs